Maddie Storm

Bekræftelser til børn og deres forældre

Indhold

Forord

Jeg hedder Maddie Storm, og jeg har i mange år arbejdet med at skabe en hverdag, hvor jeg trives og nyder hver eneste dag. Jeg har coachet og undervist børn og voksne i at få et liv med glæde og mening. I dette arbejde bruger jeg bl.a. bekræftelser.

Bekræftelser er et vigtigt redskab og jeg har længe savnet en bog med bekræftelser til børn. Derfor har jeg lavet denne bog, hvor jeg har sammensat nogle af de allervigtigste bekræftelser i forhold til børn.

Du kan læse bogen fra en ende af eller gå direkte til bekræftelserne, som er opdelt i emner. Hver bekræftelse har en kommentar til den voksne læser.

Sidst i bogen kan du se hvordan du kan få min hjælp til dit videre arbejde.

Jeg håber, du får glæde af at bruge dem sammen med dit barn, så vi kan få nogle glade børn, fulde af selvværd og kærlighed til sig selv og verden.

God fornøjelse.

Maddie Storm

Vores overbevisninger

Inden vi kaster os ud i bekræftelserne, vil jeg fortælle lidt om overbevisninger. Hvad de er, og hvilken betydning de har for vores måde at opleve verden på.

Hvad er en overbevisning? En overbevisning er det, vi tror om livet som den sande forklaring på, hvordan verden fungerer, uden vi nødvendigvis har bevis herfor. Vi har brug for disse overbevisninger for at forankre vores forståelse af verden omkring os. Det er en følelse af med sikkerhed at vide at noget er sandt, også selv om det måske ikke er sandt for andre, som kan have en anden sandhed. Fx er der mange forskellige meninger om, hvad der er sundt at spise, og bag ved det ligger forskellige overbevisninger.

Overbevisninger er ikke noget vi fødes med, det er noget, vi lærer hen ad vejen. De fleste af vores overbevisninger bliver grundlagt i de allerførste år, oftest af vores mor og far men også af andre i vores nære relationer.

Overbevisninger kan være både positive og negative, og de påvirker vores tanker, holdninger og handlinger.

Negative overbevisninger kan være:

- Jeg er dum, grim eller ikke god nok
- I min familie dør vi af blodpropper
- Jeg er en ulykkesfugl
- Man kan ikke få alt, hvad man ønsker
- Man skal knokle for at få et godt liv
- Man skal arbejde hårdt for at få penge
- Det er svært at finde ægte kærlighed

Positive overbevisninger kan være:

- Jeg er dygtig
- Livet er en leg
- Jeg er værd at elske uanset hvad
- Jeg finder altid en løsning
- Jeg er sund og stærk
- Jeg har let ved at få venner
- Jeg har let til latter

Fra psykologien ved vi, at de første år af et barns liv er meget vigtige. Det er her, de fleste af vores overbevisninger bliver indlært, og de er svære - men ikke umulige - at lave om.

Den mest indflydelsesrige programmering af vores underbevidste sind sker fra fødslen til og med syvsårsalderen. I løbet af denne tid registrerer barnets hjerne alle sanseoplevelser, og det lærer komplekse motoriske programmer som at tale, kravle, stå og avancerede aktiviteter som at løbe og hoppe. Samtidig "downloades" massive mængder af information om verden, og hvordan den fungerer.

Ved at se på forældre, søskende og andre i nærmiljøet lærer vi som børn at skelne mellem acceptabel og uacceptabel social adfærd. De overbevisninger, vi erhverver før syvårsalderen, bliver de grundlæggende underbevidste programmer, som vi senere hen bruger, når beslutninger i livet skal tages, og de kommer til at have stor betydning for kvaliteten af det liv, vi får.

Hvis du ofte hører, at du er tyk og grim, vil du med stor sandsynlighed få problemer med mad, og den måde du ser ud på. Det kan føre til sygdomme som anoreksi eller bulimi og et lavt selvværd, hvilket igen kan tiltrække venner og kærester, som ikke respekterer dig. Eller du får lært, at man skal arbejde hårdt for penge og spare op til dårlige tider, hvilket kan medføre, at du bliver nærig og ikke under dig selv og andre gode ting i livet. Disse eksempler er selvfølgelig simplificerede.

For at forstå hvad der sker i barnets første syv år, skal vi kaste et blik på den voksne hjerne.

EEG-målinger, som måler en voksen hjernes elektriske aktivitet, viser, at den fungerer på mindst fem forskellige frekvenser:

7

- Delta – dyb søvn
- Theta - meditation
- Alpha – rolig, mindre opmærksom tilstand
- Beta – vågen opmærksom
- Gamma – den hurtigste frekvens hvor du er i stand til at modtage mange informationer samtidig med følelsesmæssig forståelse og indsigt på et dybere plan.

Et nyfødt barns hjerne er ikke færdigudviklet, og det er delta-frekvensen, der styrer i denne periode, også i vågen tilstand.

Fra ca. to til syv år er theta-frekvensen den dominerende. Det er i samme periode, børn blander virkelighed og fantasi. I disse år bliver den måde barnet opfatter verden på hentet direkte ind i underbevidstheden, fuldstændig uden filter af det analytiske selvbevidste sind, som endnu ikke er færdigudviklet. Det er samtidig i denne periode, vores grundlæggende opfattelser omkring livet læres: Er verden et trygt sted at være? Er jeg god eller dårlig til at holde på penge? Er kærlighed svær at finde? Skal der arbejdes hårdt for at overleve? Osv. Det er også her, du danner en mening om, hvordan du er, og hvad du synes om din krop.

Vi bliver simpelthen programmeret!

Den fremherskende delta- og theta-aktivitet hos børn under syv år viser, at deres hjerner opererer på et niveau under bevidsthed. Den tilstand kaldes også hypnotisk trance og er den tilstand hypnoterapeuter bruger, når de "lægger" nye adfærdsmønstre ind i det ubevidste sind. Så det er ikke ligegyldigt, hvad vi siger til vores børn i den alder. Jeg kan selv høre min mor sige med ærgrelse i stemmen "hvor ser du ud, sæt håret op" og bagefter, hvis jeg blev ked af det, sige "åh, jeg mente det jo ikke sådan", men da var det jo lidt for sent. Jeg var blevet ked af det, og med den ene sætning havde hun programmeret mig til at tro, at jeg skulle sætte mit hår på en bestemt måde for at være pæn. Mere skal der ikke til. At hun så har gentaget det i andre sammenhænge, gør det ikke bedre.

De gamle jesuitter var klar over dette og pralede stolt, "Giv mig barnet, indtil det er syv år gammelt, og jeg vil give dig en mand." De vidste, at barnets trancetilstand gjorde det muligt direkte at implantere kirkens dogmer i det ubevidste sind.

Det, vi lærer i de første syv år af vores liv, vil være vores sandheder om livet, og det er ud fra de sandheder, vi senere hen agerer. Hvis vi har lært, at livet er en leg og et trygt sted at være, har vi let ved at gå i gang med nye opgaver. Vores tilgang til problemer vil være præget af kreativitet, og vi er ikke bange for at fejle og prøve flere gange, indtil vi finder en løsning. Vi står på en platform af tillid og handler derfra helt automatisk.

Nu tænker du måske på alle de begrænsende overbevisninger, du selv fik indlært som barn og føler, at det er helt uoverskueligt og umuligt at lave om på. Men den gode nyhed er, at alt hvad der er programmeret, kan om-programmeres! Det er hårdt arbejde at ændre de bevidste tanker og handlinger, og måske er der behov for hjælp fra en behandler. Men det kan lade sig gøre.

Og lad os så komme i gang med bekræftelserne!

Hvad er bekræftelser og hvordan bruger du dem

Inden du går til de specifikke bekræftelser, vil jeg fortælle lidt om betydningen af bekræftelser, og hvordan du kan bruge dem sammen med dit barn.

Hvad er en bekræftelse – helt konkret? Som jeg ser det, er bekræftelser tanker, vi bliver ved med at tænke. Og de kan være enten positive eller negative.
Når vi tænker en negativ tanke om os selv, mister vi energi og vores humør daler. Det har igen indflydelse på vores evne til at træffe gode beslutninger, og hvis vi ikke bryder denne cirkel, kan vi ende med mange dårlige resultater, som kun giver næring til flere negative tanker.

En måde at bryde dette mønster er bevidst at tænke positive tanker.

I bogen har jeg valgt positive og energigivende bekræftelser til børn. Ud over at bekræftelserne bliver lagret i underbevidstheden, hjælper de vores børn til at blive klogere på sig selv og deres forhold til andre samt ikke mindst møde de udfordringer, de støder på i deres opvækst med gå-på-mod og troen på at kunne løse dem.

Børn er let påvirkelige, og når du bruger bekræftelserne med dem, kan du hurtigt mærke ændring i deres følelsesmæssige tilstand. Deres fokus bliver positivt frem for negativt.

Du kan som den voksne selvfølgelig også bruge bekræftelserne. En af de bedste måder vi kan lære fra os på, er når vi selv bruger bekræftelser som en naturlig del af livet. Når vi anvender positive bekræftelser aktivt i vores liv, skifter vi vores fokus, og vi kommer igen i ro og overskud. Det gælder for både børn og voksne.

Bekræftelserne i bogen kan du bruge i situationer, som vores børn møder i hverdagen. Hvis din datter kæmper med at lære at binde sit snørebånd, kan du bruge bekræftelsen: "Jeg gør det bedste jeg kan, og for hver dag bliver det lettere og lettere." Hun vil opleve, at energien bliver hævet, og hun får modet og lysten tilbage.

Du kan også lære dit barn at stå foran et spejl og bruge bekræftelserne der. Det er meget virkningsfuldt at se sig selv i øjnene og sige: "Oscar, jeg elsker dig", "jeg elsker din krop, og alt det den kan", "jeg er stærk og jeg elsker at grine". At se sig selv i øjnene giver nærvær og en god kontakt og anerkendelse af sig selv.

Bekræftelser efter emne:

Kroppen og sanserne

Venner

Indlæring

Selvværd

Livet

Det indre liv

Om kroppen og sanserne

Jeg er god til at lytte

Jeg oplever mange børn, som ikke er blevet trænet i at samtale. Måske fordi voksne, både i institutionerne og hjemme, ikke er nærværende, når de snakker med børnene. Ved at lytte og stille spørgsmål til vores børn, kommer vi ikke alene til at forstå dem bedre. Vi lærer dem også, hvordan man taler sammen, fordi vi skiftevis lytter og taler. Vi går tit alt for hurtigt i gang med at forklare og give svar og handleanvisninger, inden vi overhovedet ved, hvad der er på spil for børnene, og dermed fratager vi dem muligheden for selv at finde ud af det.

Det er vigtigt, vi husker at stoppe op, ser på børnene, opgiver tanken om at vi tror, vi ved, hvordan de har det og først dér spørger til deres besværligheder og velbefindende. Og så skal vi være virkelig til stede. Ikke stå med fingrene i kartoflerne eller telefonen, men have øjenkontakt og tid til at lytte. Der er nemlig ingen, som gider fortælle noget vigtigt til en, der har opmærksomheden delt mellem telefonen og det, man er i gang med at fortælle.

Du kan også bare vise, at du er til rådighed. Hvis du fx. lægger dig på gulvet i stuen og laver ingenting, vil der ikke gå lang tid, før børnene kommer for at se, hvorfor du ligger der. De vil kaste sig over dig og lege, for de mærker instinktivt, at nu er du til rådighed. Og efter noget tid, kan du lade det gå over i en snak om dagen og de oplevelser, de har brug for at dele.

Vi vil selvfølgelig gerne have, at vores børn er glade og tilfredse, men det er de jo bare ikke hele tiden. Når noget går dem imod, eller de er kede af det, ved de jo godt, hvad de har brug for: Én der vil lytte til de urimeligheder, de har været udsat for, én som kan bære, at de græder og er kede af det, én som er stærk, når man selv er svag. Bare det gør problemet meget mindre. Hvis vi som de voksne erstatter nærvær med gaver, ting og sager, undertrykker vi det egentlige problem, og det vil næsten med sikkerhed poppe op på et andet tidspunkt med større styrke.

Det kan være en stor lettelse for et barn, at en voksen hjælper med at sætte ord på følelser. I stedet for at sige: "Den lille rift er da ikke noget at græde for", så trøst barnet og sig "Ja, det gør ondt i fingeren." Hvis barnet græder meget, er der måske også andet, der bliver grædt over ved samme lejlighed.

Jeg ser med mit hjerte - jeg lytter til mit hjerte

Hvorfor er det en vigtig bekræftelse? Intuitivt ved de fleste, at hjertet kan mere end "bare" pumpe blodet rundt i kroppen. Vi placerer intuitivt følelser som kærlighed, medfølelse, omsorg og værdsættelse i hjertet. Vi viser det med kropssprog og i tale, som f.eks. at lægge hånden på hjertet, når vi udtrykker medfølelse eller kærlighed. Vi siger: "Hånden på hjertet", når vi udtrykker ærlighed, eller "Mit hjerte er bristet", når vi er ulykkelige over, at vores elskede er gået, eller vi har hjertesorger. Alt dette gør og siger vi helt automatisk.

Den seneste forskning har fundet ud af, at hjertet er så meget mere end bare en muskel.

Har du lyst til at dykke dybere ned i dette, kan du læse mere på bl.a. "HeartMath Institute"s hjemmeside: www.heartmath.org

Ifølge Heart Maths har hjertet har sin egen intelligens, som beskrives som evnen til at uddybe din fysiske, sanselige, følelsesmæssige og rationelle intelligens. Det betyder, at vi har muligheden for at reagere på livet fra et dybere sted med kærlighed, medfølelse og accept.

Det menneskelige hjerte har ca. 40.000 neurale celler. Det betyder, at hjertet har sit eget nervesystem, som faktisk sender mere information til hjernen, end hjernen sender til hjertet!

Hver gang hjertet trækker sig sammen, skabes en bølge, som skubber blodet gennem venerne og arterierne, og det leverer et energetisk signal, som hjælper med at synkronisere alle cellerne i kroppen, inklusive cellerne i hjernen.

Hjertets elektromagnetiske felt er 5.000 gange kraftigere end hjernens og man har målt, at det påvirker andre mennesker i en afstand af mellem 8-25 meter.

Ved at aktivere dit hjertes intelligens vil du:

1. Mindske følelsesmæssige forstyrrelser og øge dine positive følelser, så du bedre kan træffe livsbekræftende valg til glæde for dig og verden.
2. Stress vil slippe sit tag i dig, og bekymringer og angst mindskes ved at du aktivt vælger at fokusere på glæde, medfølelse, forståelse og kærlighed.
3. Forbedre dit mentale fokus og få mere klarhed uanset hvad der sker uden for dig.
4. Opbygge et indre miljø hvor selvhealing er mulig, når du bevidst tager kontakt til dit hjertes visdom.
5. Opbygge et overskud som kan hjælpe dig med at trives.

6. Bringe dit liv i større overensstemmelse med dit dybere livsformål.
7. Få mere autentiske, intime og harmoniske forhold.
8. Opnå dine mål hurtigere og lettere.

Prøv denne lille hjerteøvelse, som er nem og virkningsfuld:

Sæt dig godt til rette, træk vejret roligt, fokusér på dit hjerte og forestil dig at du trækker vejret ud og ind gennem hjertet. Tænk nu på nogen eller noget du elsker og mærk følelsen og lad den fylde hele din krop.
Dette vil aktivere dit hjertes intelligens og behøver ikke tage mere end fem minutter. Gør det gerne flere gange om dagen så vil du hurtigt mærke en positiv effekt.

Jeg er stærk

Denne bekræftelse får børn til at prøve kræfter med livet. Det giver dem følelse af, at de ikke sådan lige er til at vippe af pinden og en robusthed og evne til at rejse sig igen, når de falder.

Jeg elsker hver en celle i min krop

Hver eneste celle i din krop har hukommelse. Alle celler
responderer på kærlige tanker og ord. Fx. ved man, at
hvis man koncentrerer sig om de celler, som bekæmper
sygdom, fordobles de i løbet af bare en halv time.
I sin bog "Intelligente celler" skriver den internationalt
anerkendte cellebiolog Bruce Lipton om, hvordan vores
tanker påvirker vores celler. I bogen kan du læse mere
om, hvordan celler modtager og behandler information.

Jeg elsker min krop

I en kultur med reklamer som konstant fortæller os, at
vi skal se ud på en bestemt måde, og hvor både drenge
og piger får spiseforstyrrelser, bl.a. fordi de ikke kan lide
deres krop, er det utroligt vigtigt at elske sin krop og
blive ved med det. Små børn elsker helt naturligt den
krop de har, og det er let at bygge videre på ved at sige
det højt.

Jeg lytter til min krop og ved, hvad den har brug for

At lytte og respektere kroppens signaler så tidligt som muligt er af stor betydning. Er jeg sulten eller tørstig? Mange voksne forveksler tørst med sult. Vores krop består af omkring 70% vand, og vi har brug for flere liter vand hver dag for at fungere optimalt. Hvis vi i stedet for vand giver os selv mad, af mere eller mindre sund karakter, ja, så siger det næsten sig selv, at det i det lange løb ikke fører til noget godt.

Har vi brug for at bevæge os? Få et kram? Eller grine og græde.

Jeg kan altid mærke, hvad min krop har brug for at spise

Og man skulle måske tilføje, **om** den har brug for at spise, eller **om** det er nærvær fra de voksne, der er brug for. Mange af os har tidligt lært, at hvis vi er kede af det, kan det spises væk.

Jeg kan stærkt anbefale en lille perle af en bog, "Mærk Maden" af *Else Marie Simonsen.* I den skriver hun bl.a.: "Følelser og mad er tæt forbundne kar. Hvis man spiser i stedet for at føle, bliver man ikke mæt. Vi skal se på helheden frem for at fokusere på de enkelte dele. Ofte er man nødt til at se på de psykiske årsager til, at et barn spiser for meget, for lidt eller forkert for at kunne hjælpe barnet".

Hun skriver videre: "Frem for at fylde mere mad på børnene, skal vi snarere have kaldt deres indre værdier frem. Det kræver tid og opmærksomhed af de voksne. De skal sanse børnene og mærke efter, hvor barnets styrke og interesser ligger. For at sanse skal man være i ro, så det kan kun lade sig gøre, hvis de voksne sætter tempoet ned".

Jeg er altid sund og rask

Min mor sagde ofte til mig, at vi altid var raske i vores familie. Jeg satte aldrig spørgsmålstegn ved det, og jeg har nærmest aldrig været syg. Når jeg en sjælden gang er det alligevel, ved jeg, at jeg hurtigt bliver rask igen. Det er vigtigt, vi ser os selv eller forestiller os som et sundt og raskt menneske, hvis krop er i stand til at bekæmpe sygdom hurtigt og effektivt.

Om venner

Jeg er en god ven

At bruge denne bekræftelse giver selvfølgelig anledning til at tale om, hvad en god ven er. Samtidig flytter det opmærksomheden fra, hvordan jeg vil have mine venner skal være, og hvad de skal gøre, til hvordan jeg selv kan være en god ven.

Jeg er venlig og betænksom over for andre

Denne bekræftelse kan give anledning til en snak om, hvad det vil sige at være venlig. Det er jo let at være venlig over for dem, man kan lide. Der hvor venlighed virkelig kommer på prøve er over for dem, som vi ikke lige svinger med. For mig starter venlighed med et smil, det åbner hjerter og skaber en positiv kontakt. Hvis vi kan være åbne over for det, som er anderledes, vise imødekommenhed og hjælpsomhed, så synes jeg, det dækker ordet venlighed ret godt.

Jeg beder om hjælp,
når jeg har brug for det

At bede om hjælp er svært for mange, og jeg tror, det bunder i frygt. Frygt for at blive udstødt af flokken, frygt for ikke at passe ind, frygt for at blive til grin, frygt for at være dum. Det er blevet undersøgt, hvad der er menneskers største frygt, og man kunne gætte på, det var frygten for døden, men det er faktisk frygten for at blive udstødt af flokken. Det er en nedarvet frygt, som går helt tilbage til begyndelsen af menneskets historie, hvor den enkeltes liv afhang af fællesskabet. Man havde brug for hinanden for at overleve, og det at gøre noget "dumt" kunne bringe alles liv i fare. Så der var rigtig god mening i at tilpasse sig fælles normer. I dag har vi ikke brug for fællesskabet på samme måde. Vi kan bryde ud af et fællesskab og finde et andet, som passer bedre til vores overbevisninger. Men børn har brug for fællesskabet med familien og stoler blindt på os som forældre, og det vi siger og gør, som en nødvendighed for at overleve.

Jeg er sjov at være sammen med

Efter min mening er der alt for lidt sjov. Det sjove er taget ud af mange ting, og jeg vil gerne putte det ind igen. Sjov og alvor kan sagtens gå hånd i hånd. Børn griner i gennemsnit 400 gange om dagen og vi voksne 15 gange, så ved at vægte det sjove og det gode grin sammen med vores børn får vi forhåbentlig voksne, som griner mere end 15 gange om dagen. Vi ved, at livsglæde er forløberen for succes og ikke den anden vej rundt. Så det er bare med at komme i gang!

Her er en liste over, hvorfor det er sundt at grine:

- Immunforsvaret styrkes
- Latter virker smertestillende og er godt for fordøjelsen
- Lungekapaciteten bliver større
- Indlæringsevnen forøges
- Blodtilførselen til de indre organer bliver større
- Risiko for depressioner og angstanfald mindskes
- Søvnen bedres
- Kreativiteten fremmes
- Hjertet styrkes
- Stresshormonerne adrenalin og kortisol svækkes

Jeg får let venner

Alle mennesker har brug for venner. Vi har brug for andre end vores forældre og familie til at spejle os i. Med venner kan vi få øje på nye sider i os selv. Vi kan opdage verden sammen og se den med andre øjne.

Vi kan fantasere om fremtiden sammen. Og vi kan grine og græde sammen.

Jeg er hjælpsom

Hjælpsomhed er en dyd, som er værd at opretholde. Det at hjælpe andre uden at tænke på egen vinding styrker de empatiske evner. Samtidig lærer dit barn, at alle mennesker har brug for hjælp, både det selv og andre.

Om indlæring

Jeg gør det bedste jeg kan, og for hver dag bliver det lettere og lettere

Denne bekræftelse er superrelevant for børn, som jo hele tiden er i gang med at lære. Når noget er svært eller driller, så brug denne bekræftelse. Brug den så ofte, at den bliver noget, dit barn automatisk siger til sig selv, når noget er svært.

Jeg lærer af alle oplevelser

Jeg mener, at vores fornemste opgave i livet er at udvikle os, og hvis vi ikke lærer af vores fejl, så bliver vi ved med at opleve det samme igen og igen, indtil vi forstår, hvad det er vi skal lære. Når vi indser, at vi kan lære af vores oplevelser, har vi muligheden for at vælge: Er jeg et offer, eller har jeg chancen for at udvikle mig? I en offerrolle-position kan vi stille os selv uhensigtsmæssige spørgsmål som, "Hvorfor går det altid ud over mig?" Eller vi kan gå i fight mode og blive rasende og gå til modangreb. Begge dele dræner os for energi.

Ved at vælge at finde ud af hvad vi kan lære af vores fejl

eller "dårlige" oplevelser, har vi fat i den lange ende. Vi kan komme videre, og vi "behøver" ikke slå os selv i hovedet med, hvor dumme vi er. Vi erkender, at noget ikke gik, som det skulle, finder ud af hvorfor, og hvad vi vil gøre anderledes næste gang. Det giver energi og sætter os ved styrepinden i vores eget liv.

Jeg kan lære alt, og jeg lærer hurtigt

Dette er ikke det samme som, **Jeg kan alt**, for det kan man naturligvis ikke. Det er dog vigtigt at understrege, for at lære må man øve sig, det kræver fokus og vilje til at lære.
Vi bruger sanserne til at lære med, og jo mere udviklede de er, jo bedre indlærer vi. Børn udvikler deres sanser ved f.eks. at klatre i træer eller rulle rundt på gulvet og slås for sjov, jo flere sanser der er i gang på samme tid, jo bedre.
Det er godt at være opmærksom på, om vores sanser **over**stimuleres. Overstimulering af sanserne fører til at de sløves. Her tænker jeg bl.a. på for meget legetøj på en gang, for mange dufte og stærke parfumer, lyd fra tv og radio, stor brug af sociale medier, musik i ørerne og trafikstøj. Husk at være stille indimellem. Først når der er stille, kan dit barn høre og mærke sig selv.

Jeg er god til at lege, cykle, tegne, grine, bygge med klodser, læse …

Det giver energi at have fokus på det, du er god til. Og der er altid noget, du er god til.

Jeg er kreativ og talentfuld

Hvad er det at være kreativ?

Forståelsen af hvad kreativitet er, er tit ganske snæver. I folkeskolen er fagene delt op i boglige fag og kreative fag. Men alle fag er kreative, eller også er ingen fag kreative, for kreativitet er noget man tilfører en aktivitet, uanset om vi maler og tegner, spiller violin eller ganger og dividerer. Det kreative består i at skabe noget nyt, få en god idé og afprøve den.

Jeg er selv maler, men det er ikke særligt kreativt, hvis jeg maler eller tegner det samme gang på gang, medmindre jeg tilfører det noget nyt. Vi skal turde sætte os selv lidt på spil, turde tage fejl, risikere at det ser forfærdeligt ud. I den kreative proces udfordrer vi vores sårbarhed. Jeg synes heldigvis, der er tegn på, at vi ikke længere behøver være så perfekte og skulle kunne alt. Flere og flere tør stå frem og vise deres sårbarhed, og det er inspirerende for andre. Måske kan det hjælpe os til at være mindre dømmende, både over for os selv og andre.

Jeg gør altid det bedste jeg kan, og det samme gør andre

Og så kan man ikke gøre mere.

Jeg er klog, jeg finder ud af det

Alle mennesker er kloge, på den ene eller anden måde. Måske kender du den amerikanske psykolog og uddannelsesteoretiker Howard Gardner, som tilbage i 1980'erne introducerede teorien om menneskets syv intelligenser. Personligt tror jeg, der findes mange flere, og at det altid gælder om at tage udgangspunkt i det, som vi er gode til og bygge videre derfra.

Hvis du vil vide mere om Howard Gardner og hans teorier, findes der masse spændende læsestof om hans forskning. Jeg begrænser mig til kort at liste de kendte 'syv intelligenser' op nedenfor.

Howard Gardners syv intelligenser:

Sproglig/verbal intelligens

Logisk/matematisk intelligens

Musikalsk intelligens

Visuel/spatiel intelligens

Kropslig/kinæstetisk intelligens

Social intelligens

Selvindsigt/personlig intelligens

Om selvværd

Jeg er fuld af gode idéer

Albert Einstein siger: "Fantasi er vigtigere end viden. Viden er begrænset til, det vi ved og forstår, mens fantasi inkluderer hele verden, og alt hvad der er at vide og forstå."

Når vi opmuntrer vores børn til at bruge fantasien, kan vi sammen grine over alle de mærkelige forslag, der kommer frem. Og glædes når den rette løsning melder sig. Børnene lærer at tænke "ud af boksen", være løsningsorienterede, og det giver selvværd.

Jeg forventer det bedste

Med denne bekræftelse går du livet i møde med rank ryg og selvværd. Når vi forventer det bedste, er det også det, vi automatisk er på udkig efter. Og det man ser efter, finder man! Det handler om fokus.
Måske kender du det med, at du er i gang med at købe bil i et bestemt mærke, og pludselig ser du den bil alle vegne. Eller du vil gerne være gravid og får øje på

barnevogne hele tiden. Det sker, fordi vi har fokus på det, vi gerne vil have. Det er som at komme til en fest med mange mennesker. Alle danser og ser glade ud, men henne i hjørnet står en lille gruppe og skændes. Er det en god fest? Tja, det kommer an på dit fokus.

Jeg er god til at være mig

Denne bekræftelse er god til at understøtte visheden om, at alle mennesker er forskellige og unikke. Og at vi hver især skal være lige præcis den, vi er og ikke nogen anden. I stedet for at være misundelig på andre eller tro man skal være ligesom dem, kunne det samme osv., kan vi, når vi hviler i os selv, glædes over, at andre har det godt og er gode til det, de laver.

Jeg kan alt, hvad jeg vil

Vi kan meget mere, end vi tror. Når vi finder ud af, hvad vi virkelig vil og går efter det, vil vi opleve, at mange af vores drømme bliver til virkelighed.

Jeg føler mig sikker

For at kunne vokse og udvikle os skal vi føle os sikre. Hjemmet skal være et sted, hvor intet ondt kan ske. I et trygt hjem kan vores børn puste ud og komme til hægterne, når livet udenfor indimellem har blæst dem omkuld. Hjemmet er børnenes base. Her kan de komme tilbage til sig selv, genfinde balancen, og så kan de gå trygge ud i verden igen.

Jeg er elsket og ønsket

At tro på og vide man er elsket, er livsnødvendigt. Vide at man er elsket i kraft af sin blotte eksistens. Vide at man ikke behøver gøre noget bestemt for at blive elsket, er en fundamental tryghed som er grundlaget for et godt selvværd.

Jeg er noget særligt og er meget værdifuld

Der er behov for mig. Jeg er ikke ligegyldig. Jeg er noget særligt, fordi ingen andre er som mig. Det betyder ikke, at jeg er mere værd end andre. Det betyder bare, at jeg er værdifuld, som den jeg er. Vi er alle lige meget værd.

Jeg er fantastisk

Prøv at sig det højt, med armene oppe i vejret og med glæde, det føles godt i maven.

Jeg elsker mig selv

At elske sig selv ubetinget er grundlaget for alt andet. Når vi indser, at vi er elsket uanset hvad, vil denne kærlighed strømme ud i alle områder af vores liv og vende mangedoblet tilbage. Vi må lære, at vi er den nærmeste til at tage sig af os, til at elske, forstå og rumme hele os. At rumme og forstå sig selv også når vi er urimelige, vrede eller sure, betyder ikke, at det er ok at opføre sig ubehageligt over for andre, men at vi er mennesker. Vi kan så bagefter sige undskyld og komme til forståelse med de mennesker, vi måske har trådt over tæerne.

Min far og mor er stolte af mig

Husker vi at fortælle vores børn, vi er stolte af dem? Der er jo nok at være stolte af. Stolte af den måde de udtrykker følelser på. Stolte af at de prøver igen og igen, om de NU kan lide rosenkål, stolte af så gode de er til at lege, stolte af at de har så let ved at grine osv.

Min far og mor opmuntrer mig

Det er skønt at blive opmuntret, det betyder at vi bliver set og at nogen gider gøre sig umage med at hjælpe os videre.

Jeg holder af mit udseende

I en tid hvor så meget handler om at se ud på en bestemt måde, er det utroligt vigtigt at lære at holde af det udseende, vi nu en gang har.

Mennesker kan lide mig

Ja, og hvorfor skulle de ikke det? Ofte er vi sådan i tvivl og tror, at der skal noget særligt til, for at andre kan lide os, og så kan vi gætte i en uendelighed på, hvad det skal være.

Men det er jo sådan, at hvis vi kan lide os selv, så kan de fleste andre også. Der vil altid være nogen, som ikke kan lide os, men der er jo også nogen, vi ikke er vilde med, og det er ok.

Jeg fortjener det bedste

Der er mange af os, som måske lige kan gå med til, at vi da fortjener noget godt, men synes vi også, vi fortjener det bedste? Jeg er overrasket over, hvor mange mennesker, der svarer "nej" til det spørgsmål. Dette bunder ofte i den tankegang, at hvis vi alle skal have det bedste, er der jo ikke nok til alle. Men der er mere end nok af alting, det er bare ikke fordelt ligeligt. Hvis du ikke synes, du fortjener det bedste, så lukker du automatisk af for at få det. Jeg plejer at sige til mine klienter, at de skal tage den bedste kage på fadet, og det er der mange, der har svært ved, men den kage jeg synes er den bedste, er jo ikke nødvendigvis den samme, som den du synes er den bedste!

Om livet

Jeg elsker mit liv

Her er det en god idé at lave en øvelse, som virkelig får smilet frem og energien op. Man skiftes til at sige, "Jeg elsker…". Intet er for stort eller småt at nævne. Prøv fx med sætningerne: "Jeg elsker at svømme", "jeg elsker når det regner", "jeg elsker at lege", "jeg elsker jorden", "jeg elsker dig", "jeg elsker mig selv", "jeg elsker at løbe", "jeg elsker at grine", "jeg elsker gulerødder" osv.

Jeg er nysgerrig

Et barn, der har lært, at det er ok at være nysgerrig, vil stille opklarende spørgsmål til det, som det ikke forstår. Det vil ikke automatisk acceptere en forklaring, men selv undersøge om det kan passe.

Et barn kan også lære at være nysgerrig på sig selv og sine følelser, "Hmm, hvorfor blev jeg ked af det der, hvorfor græd jeg?" Som mor eller far kan du hjælpe med at besvare disse spørgsmål, og sammen kan I tale om, hvad der kan gøres anderledes næste gang.

Dette gælder også for voksne. Når vi stiller undersøgende spørgsmål om os selv og forhåbentligt finder et svar, undgår vi at falde i den grøft, hvor vi fortæller den samme 'grusomme' historie igen og igen, som gør os kede af det og måske holder os fast i en situation, vi ikke ønsker.

Livet er en spændende oplevelse, som jeg elsker at udforske

Denne bekræftelse bringer en nysgerrig, problemløsende og positiv tilgang til livet i spil.

Jeg stiller gode spørgsmål

Hvad er et godt spørgsmål? Jeg deler spørgsmål op i to kategorier. Dem som giver energi, og dem som tager energi.
Du kan kende et energi-GIVENDE spørgsmål på, om svaret fører dig videre til noget positivt. Et energi-TAGENDE spørgsmål vil derimod fastholde dig i noget negativt eller måske endda gøre din situation værre.

Hvis du har samlet et skab fra Ikea og resultatet er et skævt skab, kunne et energidræbende spørgsmål være

"Hvorfor sker det her altid for mig?" Svaret vil være i retning af: "Du er ikke god til den slags" eller "Du er dum og forstår ikke en brugsanvisning, og dine hænder sidder forkert".

Din hjerne arbejder så hurtigt, at den svarer med det samme uden at tage hensyn til dine følelser eller foreslå et andet og bedre spørgsmål.

Derfor er det vigtigt, at vi er klar over, hvor meget vi kan sabotere os selv med energi-TAGENDE spørgsmål og i stedet hjælpe os selv ved at stille de rigtige spørgsmål til situationen. Svaret på et energi-TAGENDE spørgsmål vil altid være ødelæggende for vores selvopfattelse. I stedet kan vi hjælpe os selv ved at stille de rigtige spørgsmål til situationen. Spørgsmål der udvikler os og støtter.

I eksemplet med det skæve skab, kunne et energi-GIVENDE spørgsmål være "Hvad kan jeg gøre anderledes næste gang, jeg skal samle et skab fra Ikea?" Nu vil du gå i gang med at finde løsninger, og det giver straks mere energi.

Energigivende spørgsmål skal flytte dit fokus fra et negativt til et positivt fokus. De skal bringe dig videre, udvide dit perspektiv, få dig til at se problemet eller udfordringen fra en anden vinkel, de skal sætte din fantasi og kreativitet i gang.

Where focus goes, energy flows.

Her er en række energigivende spørgsmål, som du kan bruge til at sætte en god og positiv tone for dig selv morgen og aften samt spørgsmål til problemløsning.

Morgenspørgsmål:

Hvad gør mig glad?
Hvad er jeg mest glad for i mit liv lige nu?
Hvad er jeg mest begejstret for i mit liv lige nu?
Hvad er jeg meget taknemmelig for i mit liv lige nu?
Hvad nyder jeg mest at gøre i mit liv lige nu?
Hvad er jeg mest engageret i i mit liv lige nu?
Hvem elsker jeg? Hvem elsker mig?
Hvad er det vigtigste for mig at gøre i dag, som vil tjene mit bedste på det højeste plan?
Hvad kan jeg gøre i dag, der vil bringe mig glæde?

Aftenspørgsmål:

Hvad har jeg lært i dag?
Hvad har jeg nydt at gøre i dag?
Hvad har jeg forbedret eller bidraget med i dag?
Hvad gjorde jeg i dag for at nå mine mål?

Problemløsende spørgsmål:

Hvad skal jeg gøre i dag for at nå mine mål?

Hvordan kan jeg få succes og nyde processen?

Hvad kan jeg lære af denne oplevelse?

Hvad kan jeg gøre lige nu?

Hvad virker? Hvad kan være bedre?

Hvad er bedre end dette?

Hvad er sjovt ved denne situation, som jeg ikke har lagt mærke til før?

Alle problemer har en løsning

De fleste har prøvet at stå med et pludseligt problem, som de ikke umiddelbart kan se en løsning på. Det er let at blive panisk og tænke "hjælp, det her ender galt!" Her er det en rigtig stor hjælp, hvis du ved, at alle problemer har en løsning. Det får straks din vejrtrækning til at falde til ro. Hvis det næste du husker dig selv på er alle de gange, hvor alting løste sig og ofte måske til det bedre, så er du en hel del bedre rustet til at takle problemer, når de opstår. Når vi ved, vi har masser af idéer, ja, så skal vi nok finde en løsning.

Jeg er heldig

At føle sig heldig giver masser af god energi! Mange kender det at finde penge på gaden, og man tænker: "YES, det kører for mig i dag" og det gør resten af dagen ofte.

Jeg elsker nye idéer

Vores ego har en naturlig mistro mod nye idéer, da alt nyt er ukendt og potentielt farligt. Derfor er det godt at komme det i forkøbet.

Mine ønsker bliver til virkelighed, for jeg tør arbejde for dem

Hvad drømmer du om? Det starter med et ønske. Ønsker og drømme fortæller dig, at noget kan være anderledes. De skaber inspiration, og hvis de sættes i handling, kan de give dig det, du ønsker og drømmer om.
Så drøm løs!

Jeg skaber en smuk dag fyldt med glæde

Hver dag har du mulighed for at starte på en frisk. Hvad er dine første tanker om morgenen? Er det "Åh nej, det regner, det er en dårlig dag", eller er det "Ih, hvor lyder det hyggeligt med regnen udenfor, det bliver en god dag".

Du er en vigtig medspiller, i hvad der sker i dit liv. Dit liv er ikke noget, som "bare" kommer til dig. Du er hver dag medskaber, via dine tanker, ord og handlinger. Så hvad er dit ønske for denne dag?

Om det indre liv

Jeg tror på mig selv

Jeg tror, det er meget vigtigt fra barnsben at lære at søge svar inde i sig selv. Lære at mærke efter hvad der er rigtigt for sig selv. At have en stærk indre tro på sig selv, og det man føler, betyder at man kan være til stede i sig selv. Man ser hvad der sker i verden omkring sig, men man baserer ikke beslutninger udelukkende på det, som er i det ydre. Man stoler på, at det man selv mærker og føler er rigtigt, uanset om andre mærker og føler det anderledes.

Jeg er fuld af kærlighed og lys

Den største kraft af alle er kærligheden. Lys og kærlighed vibrerer på samme niveau. Vi kommer til verden, fulde af kærlighed og lys. Når vi senere i livet, mister vores indre lys og oplever mørket, har mange glemt hvordan det indre lys tændes, og tror at der skal noget udefra til for at finde tilbage til kærligheden og det indre lys.
Når vi allerede som barn siger denne bekræftelse og samtidig føler den, får vi nemt ved at komme tilbage til vores egen kærlighed og indre lys.

Jeg er unik og særlig

Det er vigtigt at vide, at vi ikke er ens, så vi kan stoppe med at sammenligne os med andre og prøve at blive som dem for at føle os gode nok. Det ville være frygtelig kedeligt, hvis alle er ens, det ved vi godt. Alligevel sidder det dybt i mange af os, at vi ikke vil skille os for meget ud, af frygt for at blive holdt udenfor. Hvis vi giver efter for denne frygt, mister vi os selv, eller i hvert fald dele af os selv. Jeg tror, mange af os er opdraget til at tro, at vi ikke er noget særligt, fordi at være noget særligt, er lig med at være mere værd end andre. Disse to ting hænger ikke sammen. Vi kan sagtens vide, at vi er unikke og særlige uden at tro, at vi er mere værd end andre. Vi er alle lige meget værd.

Jeg er perfekt, lige som jeg er

Vi er perfekte, lige som vi er, med alt det mørke, alle skyggerne og alle de følelser, som vi har lært, er negative, som vrede, jalousi, frygt osv. Alt dette må vi acceptere som en del af at være menneske.
Kun ved at sende kærlighed, lys og accept til denne del af os, kan vi forholde os konstruktivt til det, som er. Lære af det og komme videre.

Lykken smiler altid til mig

At forvente det bedste og tro på der altid kommer noget godt ud af alting, sætter dig i stand til altid at se efter det lyse, det gode, det positive i enhver situation. Når problemer opstår, er du bedre rustet til at finde løsninger.

Jeg er ærlig

Ud over at vælge ikke at lyve, stjæle, snyde og bedrage, betyder det at være ærlig først og fremmest at være ærlig over for sig selv. Være ærlig over for det man føler og den situation man står i og erkende hvis noget ikke lige er, som man ønsker.

Jeg har let ved at tilgive

Det er vigtigt at kunne tilgive. Man kan godt tilgive en person uden at mene, deres handling er i orden. Når vi af hjertet tilgiver og slipper det, der er sket, kommer vi i fred med os selv. Det er smertefuldt at blive ved at genopleve det skete, og det tjener ikke vores eget bedste. Når vi tilgiver, kan vi komme videre, nogle gange stadig med den person i vores liv, andre gange uden.

Jeg tilgiver alle, der nogensinde har gjort mig ked af det

Når du slipper alle de situationer i dit liv, hvor du er blevet såret, bliver du fri. At blive ved at holde fast i dem trækker din energi ned, og du påfører dig selv smerten igen og igen.

Jeg tilgiver mig selv

Her gælder det samme, som når du tilgiver andre. Når du har lært det, du skal lære af en situation, må du gerne slippe den og komme videre. Vi behøver ikke blive ved at slå os selv i hovedet med, hvor dumme vi har været.

Jeg accepterer mig selv, som jeg er

Alt for mange har en masse forbehold over for sig selv: De er for lave, for tykke, har for stor næse osv. eller de fokuserer på, hvad de ikke er gode til. At acceptere sig selv som man er, er ikke det samme som ikke at øve sig og lære nyt, men vi er nødt til at starte med det som er, hvis noget skal ændres.

Jeg er taknemmelig for alt det gode i mit liv

At være taknemmelig for det man har, er en af de bedste og hurtigste måder at hæve sin energi på. Og alt hvad du virkelig er taknemmelig for, får du mere af. Det er altid sjovt at lave øvelsen, hvor man skiftes til at sige hvad man er taknemmelig for. Fx. ”Jeg er taknemmelig for, at du er i mit liv”, ”Jeg er taknemmelig for min seng”, ”Jeg er taknemmelig for min bløde pude”, ”Jeg er taknemmelig for mine venner” osv. Intet er for stort eller småt at være taknemmelig over.

Jeg er et med universet

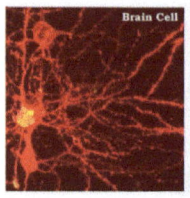

Prøv at se hvor meget de to billeder, hjernen og universet, ligner hinanden. At vide at vi er forbundet med universet, betyder at vi ikke er alene. Det giver en følelse af at alting hænger sammen. Det er ikke lige meget hvad du tænker og gør, det har en indflydelse på verden omkring dig.

Jeg er altid på rette sted
på rette tidspunkt

At vide at vi altid er der, hvor vi skal være på rette tidspunkt, betyder at vi får lige det, vi skal have, oplever lige netop det der er brug for, og kan hjælpe lige præcis hvor det er nødvendigt. I modsætning til at tro, at vi altid er lige lidt for sent på den eller for tidligt ude.

Jeg er i sikkerhed

At føle sig sikker er en menneskelig nødvendighed for at systemet kan slappe af. Hvis vi ikke føler os sikre, er vi konstant i alarmberedskab, og det tærer på både krop og psyke.

Jeg er beskyttet af engle

Det er dejligt at vide, der findes engle, og at de beskytter os, om man tror på det eller ej. Jeg personligt er ikke i tvivl. En engel har mere end én gang hvisket mig i øret, at jeg skulle være opmærksom i trafikken eller fået mig til at stoppe, inden jeg spiste noget mad, der ikke var helt i orden.

Jeg er glad og elskelig

Det er en god grundfølelse: At vide sig elsket og være glad.

Alt hvad der sker mig, hjælper mig til at vokse og blive klogere

Denne bekræftelse hjælper os til ikke at give op, når livet er hårdt. Når dit barn oplever noget svært, så snak med det, om hvad der skete, hvorfor det skete og find sammen ud af, om noget kan gøres anderledes næste gang.

Gode ting sker for mig hele tiden

Hvor vælger vi at have vores fokus? På det gode som kommer forbi eller det dårlige? Det, vi har fokus på, vokser.

Jeg elsker mig selv helt og aldeles

Et barn elsker sig selv helt naturligt, men at elske sig selv er ikke altid velset i vores kultur. Ofte opfattes det fejlagtigt som et tegn på egoisme, når vi udtrykker kærlighed til os selv, og nogle af os har lært, at det ikke er så godt. Derfor må vi lære vores børn, at det er helt i orden at elske sig selv. Kærlighed til os selv er den muld, som alt andet skal vokse i. At give sig selv kærlighed er et valg. At vælge at behandle sig selv godt i stedet for skidt, være forstående i stedet for dømmende. At omfatte alt hvad der sker i dig og i din krop med kærlighed, ligesom vi jo ikke elsker vores børn mindre, når de laver fejl eller opfører sig uhensigtsmæssigt – alt dette er et valg. Derfor: Vælg at elske dig selv.

Jeg er god til at mærke, hvad der er godt for mig

Mange af os har som børn oplevet, at det vi følte var godt for os blev tilsidesat af de voksne. Hvis vi f.eks. følte, at vi havde brug for at bevæge os og tog en tur rundt i stuen, blev vi stoppet og måske skældt ud. Måske var vi sultne og måtte vente til maden var færdig. Eller vi havde brug for at synge og blev bedt om at tie stille. Som de voksne må vi anerkende vores børns behov, så de bliver ved med at mærke, hvad de har brug for.

Alt er godt i min verden

Når verden omkring os bliver fyldt med drama, kan vi ved at sige denne bekræftelse komme tilstede i os selv, der hvor der er ro. Kun derfra kan vi handle hensigtsmæssigt på det drama, som udspiller sig uden for os.
Det har i perioder været en af mine mest brugte bekræftelser, og den virker hver gang.

Tak fordi du læste med

Tusind tak til Lisa Kock Nielsen for uvurderlig hjælp med teksten.

Har du brug for vejledning i at bruge disse bekræftelser, er du velkommen til at kontakte mig.

Jeg tilbyder både enkelte sessioner og mentor- og healingsforløb, hvor du kan lære:

- at vælge kærlighed i stedet for frygt.
- at tage beslutninger som giver energi.
- at sætte dig selv først uden nogen taber på det.
- at forstå dine følelsers sprog.
- at holde dig ude af dramaer.
- forskellen på ego og sjæl og hvordan du bevæger dig fremad derfra.
- at få kontrollen over dit liv igen og glæden, lysten og tiden til nærvær med dem du holder af.

Hvis du står med et særligt problem med dit barn og gerne vil bruge bekræftelser, kan vi tage en enkelt samtale og komme rundt om problemet og hvilke bekræftelser, og hvor mange, der vil være hensigtsmæssige at bruge. De kan bruges på mange måder, alt efter hvilken familie I er.

Læs mere og se mine videoer og blogindlæg her:

www.MaddieStorm.dk

www.HealingAllOverTheWorld.com

Kolofon

Omslag: Theo Newton
Fotos på omslag viser Maddie Storm
som barn og voksen

Forlag: BoD – Books on Demand, København, Danmark
Tryk: BoD – Books on Demand, Norderstedt, Tyskland
ISBN: 9788743014348